Schwanensee
und anderes zusammengereimtes Zeug

AF208460

Der passionierte, gleichwohl erfolglose Brief-
markensammler **Matthias Luck** (Jahrgang 1964,
BRD komplett, aber wertlos) ist waschechter
Hamburger. Seine humoristischen Gedichte
übertreffen die seiner Vorbilder Gernhardt,
Erhardt, Busch, Ringelnatz und Morgenstern
bei weitem – auf jeden Fall in der Länge.
Der Autor liebt Pilze, Wein und Leberwurst.

Es ist, als wäre seine Hand mit dem Stift
verwachsen. **Patrick Bandau** (geb. in Hamburg
im Jahre 1978) geht nie ohne seine Federtasche
aus dem Haus. Seine Zeichnungen arbeitet er
akribisch aus, so schafft er es, ihnen einen
mysteriösen und mitreißenden Ausdruck zu
geben. Er liebt Tabak, Kaffee und selbst-
gebastelte Adventskalender.

MATTHIAS LUCK

Schwanensee
und anderes zusammengereimtes Zeug

Inhaltsverzeichnis

Für Britta

Aus den Aufzeichnungen eines Vertreters für Schneepflüge in Oberbayern

Mitwirkende:

Karl-Heinz
(ebenfalls Vertreter für Schneepflüge)

Ute

Manfred
(Aufzeichner)

Karl-Heinz

Wie es sich zutrug,
dass ich Karl-Heinz erschlug,
ist, weil er die Ute frug –
Er zeigte ihr seinen Pflug
und das war Lug und Betrug.
Ich gab dem schnellen Aufzug
vor dem Aufgang den Vorzug
und darum sah ich genug.
Wie ich durchs Schlüsselloch lug-
te gewahrte ich wie im Flug,

an dem Rock, den sie trug,

dessen Saum sie umschlug,
seinen Kopf, den ich schlug,
denn schnell nahm ich den Krug
und das war auch sehr klug,
leerte ihn in einem Zug,
bevor ich ihn dann zerschlug,
und bevor er zurückschlug,
hatte er schon genug,
doch das ist nur Unfug,
denn wie er das ertrug,
das kann ich mit Fug
und Recht behaupten genug:
Er haute mir eins vorn Bug
und das, obwohl ich mich dug-
te, und mein Vertreteranzug,

den ich an diesem Tag trug,
zeriss dann auch an dem Krug,
und das ist kein Humbug,
denn gleich nach dem Umzug
war er's, der vorschlug,
unsern Streitpflug
zu begraben!

So kann ich denn Gott sei Dank sagen –
Ich hab ihn gar nicht erschlagen.

Manfred, Vertreter für Schneepflüge

SEMANTOLOGISCHE ERGRÜNDUNG
EINES GEFLÜGELTEN WORTES

Schwanensee

oder

Der erste Konzertbesuch

Das wichtige Zeichen,
gleich muss er's geben

Lautes Keuchen und Husten herrscht im Saale,
doch dann mit einem Male
ist atemlose Stille.
Gespannter Geist, gestärkter Wille,
der Dirigent,
den jeder kennt,
vors Sinfonieorchester tritt.
Nun, dem Publikum schon abgewandt
hebt majestätisch er die Hand.
Zuhörer starren,
Musiker harren,
Sekunden verstreichen,
das wichtige Zeichen,
gleich muss er's geben,
das Orchester beleben,
der Chor, er wird singen
und Geigen erklingen.

Da plötzlich erfasst
nervöseste Hast
Reihe vier, Platz zehn,
schon versucht er aufzustehn,
doch setzt sich wieder,
denn in seine steifen Glieder
fährt mit Wucht jetzt der Klang
von Bass und hohem Gesang.

Der Meister wirbelt und dreht,
die Haare im Eifer verweht.
Die Geigstöcke gehen auf und nieder,
zaubern melodische Lieder,
Trompeten erschallen,
Becken erknallen,
ja das Konzert bald erfreut
und nur einer bereut,
jetzt dort zu sitzen
und voll Unruh zu schwitzen:
Reihe vier, Platz zehn
würd viel lieber jetzt gehn.

Reihe 4, Platz 10, würd viel lieber jetzt gehn

So dringend, wenn er doch hätte,
so nah die Toilette
und doch so weit weg –
hat alles kein Zweck.
Die andern still lauschen,
an der Kunst sich berauschen,
nur er kann nichts hören,
wie kann er sie stören?
Wenn er nach rechts raus?
Nein, das sieht schlecht aus.
Da sitzt gleich so ne schlanke
200 Pfund schwere Ranke.
Oder schnell linker Hand –
auch zehn Schritt bis zur Wand.

Würd's nur nicht so drücken.
Auch durch seitliches Rücken
wird der Schmerz nicht gelindert,
bestenfalls wird verhindert,
dass Schlimmres passiert.
Eine Frau schaut pikiert,
und ihr Mann wirft nen drohenden Blick!
Ach – hätt er mal dies Missgeschick.
Aber auch grad zu Beginn,
kommt es ihm in den Sinn.
Wie als wärs abgepasst.

Wie ist ihm die Oper verhasst.
Er wollt sowieso nicht hingehn,
doch Ilse wollts unbedingt sehn.
Versteht ohnehin nicht ein Wort.
Ist wohl Latein in einem fort –
und teuer bis zum Übermaß
ist dieser na wärs mal ein Spaß.
Klassik ist ja so schön,
na du wirst es schon sehn,
hört er Ilse noch sagen
und dann gleich, ohne zu fragen,
ist sie zur Oper gelaufen,
um dort zwei Karten zu kaufen.
Na so ein bisschen war er ja doch dann gespannt,
weil so die Oper hat er noch gar nicht gekannt.

Doch zu seinem größten Verdruss
ist der ach so hohe Genuss,
den die Musik ihm jetzt schenkt,
in Jackett und Schlips eingezwängt.
So muss er denn schwitzend
Reihe vier, Platz zehn sitzen.
Nein, er muss jetzt hier raus,
länger hält er's nicht aus.
Die Musik ein Getöse,
auch Ilse schaut böse,

was sie wohl will?
Nun sitz doch mal still!
Nein, wie er das find,
er ist doch kein Kind.
Wimmert er kläglich,
er fänd alles unsäglich,
es ginge ihm dreckig,
er müsse so schrecklich?
Nein, still behält er sein Wissen,
Zähne zusammengebissen:
Die Wangen röter als rot
in dieser qualvollen Not.
Ein Bein übers andre geschlagen
verbeißt er sich lautstarkes Klagen.
Nur sein Plüschsessel seufzt leise
und gibt damit auf eigene Weise
die Tonreihen wieder,
die das Auf und das Nieder
der Bewegungen macht,
die vom Schmerz verursacht,
der Mann unternimmt:
Nach vorn mal gekrümmt,
tief niedergebückt,
dann wieder auf, fest zusammengedrückt
sind seine Beine, dazwischen die Hände –
ach, wenn's ein Ende doch fände.

Doch in seiner Folterstätte
jault jetzt schräg die Klarinette.
(Für Engländer: The clarinet he won't forget)
Gnadenlos führt das Fagott
ihn ganz genüsslich zum Schafott.
Den Weg dorthin, den säumen Flöten,
die ihm den letzten Nerv abtöten.
Ob Block, ob Sekt, ob Quer –
machen ihm die letzte Stunde schwer,
doch Oboe und Englisch Horn
blasen einen innren Zorn
in den leidgeprüften, armen Mann,
dass er sich nicht mehr halten kann.
Während also die Posaune tönt,
der Ärmste qual-, doch lustvoll stöhnt.

Und plötzlich, halb im Wahn,
dabei dann gänzlich ohne Plan,
springt der Mann vom Sitze auf
und startet den Spießrutenlauf.
100 Mal Bitte
auf dem Weg aus der Mitte.
Empörtes Geschrei
ist ihm einerlei.
Auch Ilse muss weichen,
er geht über Leichen,

doch dann kommt die Fette
auf dem Weg zur Toilette.
Sie ist aus dem Stoff gemacht,
der immer schon Staus gebracht.
Unheimliches Wirbeln
von Trommeln und Zirbeln
begleiten das Stolpern,
übertönen das Poltern,

... aus dem Stoff gemacht,
der immer schon Staus gebracht

als mit Pauk und Trompete (!)
der Mann vollends untergeht –
woran Sie mal sehen,
wie so ein Sprichwort entsteht.

Alles nimmt seinen Lauf.
Die Dame schreit auf.
Ihr Busen gibt ihm kurz Halt,
doch zerreißt darauf bald
ihr blaugrünes Kleid,
dass von der Enge befreit
die üppigste Pracht
ans Licht gebracht,

üppigste pracht

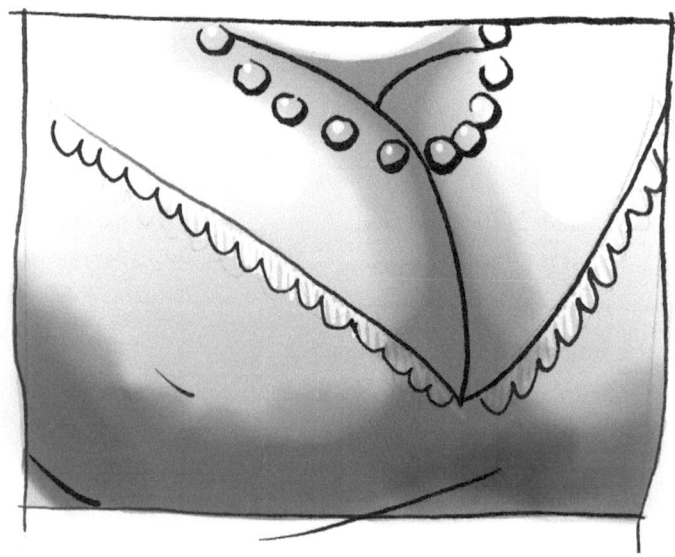

die zwei dem Mieder entzogen
ihm ins Gesicht wogen.

Ja, ein jeder bald fühlt,
wo die Musik wahrhaft spielt.
Nach und nach unverhohlen
herrscht ein Klatschen und Johlen.
Auch in Logen und Rängen
ist's ein Drängen und Zwängen,
weil ein jeder gern sieht,
was da vorne geschieht.

Doch die Show ist vorüber,
denn es landet kopfüber
der Mann an dem Rand
von dem Gang zu der Wand.
Um sich nicht mehr zu genieren,
krabbelt schnell auf allen vieren
der Mann an der Wand lang
und sucht nach dem Ausgang.
Als er ihn schließlich findet
und durch die Türe sich windet,
ist er fürs Leben gerichtet,
von 1000 Blicken vernichtet.
Liegend, am Boden zerstört (!!)
hochheilig und innerlich schwört

nie mehr ein Konzert zu besuchen,
er möchte sich sonst selber verfluchen,
er hätt es schon immer geahnt –
es hätt ihm schon immer geschwant (!!!)
dass diese Musik, da für ihn nicht erdacht,
ihn auf dieser Welt auch nur unglücklich macht.

Der Romantiker

oder

Weniger ist manchmal mehr

Vorwort: In einem romanischen Dom, dessen Mauern hoch in den Himmel aufragen. Klassisches Exemplar einer fernen Epoche. Ein Paar in die Betrachtung vertieft.

Ionisch

Siehst du die romanesken
Fresken,
die grotesken
Arabesken;
kennst du nicht
dort die Kapitelle
an der Stelle
an der Säule,
diese Beule
dort am Pfeiler,
dessen steiler
Anstieg
ja den Sieg
der Kirche zeigt
und steigt
zu einem Pilzhut,
der gut
mit dem Abakus
einen Abschluss
formt,
doch nicht genormt,
denn dort sind Würfel-
kapitelle,
die das helle
Licht
nicht passen

Deutschlands reinste Seele

lassen,
und die Massen
wuchtger Steine
sind alleine
und zuhauf
bis hinauf
klassisch wohl zu nennen,
denn wir erkennen
die Rundbögen
und vermögen
einzubetten
die Kassetten
an den Decken,
die verdecken
unsre Sicht.
Was, kennst du nicht?

Das ist doch die Ästhetik,
welche stetig
in den Himmel strebt
und lebt
im Jenseits fort,
kurz mit einem Wort:
So schön ist die Romantik,
so schön ist dieser Anblick,
ein Blick

auf Deutschlands feinste

reinste Seele,

die ich auswähle

zur schönsten Kunstepoche!

Warum ich darauf poche?

Weil die Schule nichts mehr lehrt,

Wissen uns verwehrt.

Oder kennst du unsre Dichter,

geistgen Lichter,

unsre Denker,

Führer, Lenker?

Nein, die kennst du heut nicht mehr!

Ja, wie sehr

muss ich da trauern

und bedauern

das Vergessen,

wessen

Worte heut noch währen,

die poetisch uns verklären,

und Unbekanntem

im Bekannten

würde Würde

wohl gegeben,

denn darin leben

wir doch weiter –

schreit er.

Nicht mehr end-,
sondern unendlich:
Kennst etwa nicht
du die Gedichte
eines Johann Gottlieb Fichte,
nicht den Hegel,
nicht die Schlegel,
nicht Novalis' blaue Blume,
nein, kein Wissen, keine Krume.
Sieh, ich rezitiere dir:

Welcher lebendige
Sinnbegabte
liebte nicht vor allem
die Wundererscheinung.
Deine Meinung?
Du willst nichts hören?
Ich würd dich stören
in der Betrachtung
deiner Achtung
für Kultur.
Wie nur?
Du leugnest diese Schönheit,
da wir in Dankbarkeit
uns laben
und erhaben

in dem Rausch der Sinne …?
Du sagst, ich spinne?
Kannst nicht verstehn,
ja … viel lieber jetzt gehn …
Nun gut, dann lassen
wir los und verlassen
den heiligen Ort
und hinfort
in unseren tristen,
längst vermissten
Alltag,
doch frag
ich dich,
was du dort liest –
du schaust so fies –
auf diesem Schild
mit Kirchenbild?
Du sagst, sagst du –
gleich krieg ich Panik –
die Kirche ist aus der Romanik!
Und nur die Fresken,
die grotesken,
hätte ein Täter,
welcher später
sie zu dieser Stätte
hinzugefügt mal hätte,

Keine Romanze mit der Emanze

jetzt hier hinterlassen
und sie dann verlassen,
wie du mich übrigens jetzt auch,
und kaum einen Hauch
von Romantik
verspürest du,
und im Nu
seiest du fort,
doch ein Wort
noch zum Schluss:
Dieser Kuss
zum Abschluss,
der wär auch nicht romantisch,
und du wärst auch nicht pedantisch,
nein, nur ein t wär zu viel,
doch was zu viel ist zu viel,
drum sei aus die Romanze
ja, du wärst ne Emanze,
die verkündet die Kunde
und verlässt mich zur selbigen Stunde.

Atlantic

Harald saß im Zug zurück
von einem Dienst, von seiner Reise,
und Harald hatte heute Glück,
denn es raschelte leise
und zwei junge Frauen setzten sich
zu ihm an den Tisch im Abteil.
Das war kurzfristig schon ärgerlich,
und zwar gerade weil
für ihn Beinfreiheit wichtig war,
doch die Verärgerung darüber wich
als die Rechte kurz ihr Haar
geschickt nach hinten strich
und ihm ein Lächeln schenkte.
Auch die Zweite grinste ihn an,
bevor sie den Blick kokett absenkte.
Harald, erfreut, war jetzt ganz Mann.
Die Brust vorgestreckt grinste er stolz zurück,
zufrieden mit sich und der Welt.
Sie lächelten wieder, was für ein Glück –
er war ein Mann, der den Frauen gefällt.
Sein Knie berührte das Knie schon der einen –
ein Zufall, doch sie zog es nicht weg,
so konnte er meinen,
und darum wurde er keck:
Er erhöhte den Druck
Und sie drückte zurück,

so kam es ihm vor,
doch dann gab es nen Ruck
und wo noch eben zuvor
ihre Knie grad waren,
befand sich jetzt eine Tasche.
Der Zug war abgefahren,
und seine Knie-an-Knie-Masche,
die zog nun nicht mehr,
hatte vielleicht nie gezogen,
und er dachte, wie sehr
hatte er sich selber belogen,
doch sie lächelte wieder
ihm direkt ins Gesicht,
dann senkte sie wieder die Lider,
nein, er täuschte sich nicht.
Und auch die Zweite grinste erneut
und sagte: 'tschuldigung mit dem Koffer.
Harald hat das ganz sicher erfreut,
und er war bald schon Erhoffer
von, ja was erhoffte er denn?
Er sagte: Ach macht nichts, ist nichts passiert,
und fügte im Kopf hinzu, wenn
Knie an Knie stößt, ihn das gar nicht geniert
und sie ruhig fortfahren soll.
Und im Traum steigt die Erste dann voll
auf sein Ansinnen ein,

schlägt die Beine übereinander
und streift sanft mit ihrem sein Bein.
Ja, ihr Miteinander
wird vertraut und vertrauter,
er malt es sich aus,
und in Gedanken, da schaut er
weit in die Zukunft hinaus.
Sie reden über die Reise,
das Woher und Wohin,
und auf diese Weise
entsteht ein Gewinn
an Nähe zwischen ihm und den Frauen,
das hätt er sich niemals erträumt.
Er kann den beiden vertrauen
und er versäumt
auch nicht, ihnen genau das zu sagen.
Ob er schon mal in Paris war,
hört er die Linke jetzt fragen.
Ja, das ist über ein Jahr
jetzt schon her, antwortet er,
in die Stadt hätte er sich verliebt.
Nein, so was, sagen beide aus einem Munde,
dass es so etwas gibt.
Wir lieben sie auch, willkommen im Bunde,
Paris ist für uns Liebe und Wein.
Seid ihr ein Paar, ihr macht alles zusammen?

Nein, lachen beide, gewiss doch nicht, nein.
Es ist nur, weil wir beide stammen
aus einem Dorf nahe Kiel
und wir studieren zusammen –
und das ist schon viel.
Wir studieren bildende Kunst.
Die Kunst, wie man Männer verführt?
Nein, wir haben keinen Dunst,
doch dabei berührt sie erneut Haralds Arm.
Und ihre Hand legt sich auf sein Bein,
wie als wärs Zufall, doch wird ihm ganz warm
an dieser Stelle und andrer Stelle
und auf der Stelle
könnt er das Gespräch jetzt beenden.
Und auf die Schnelle,
nein, nicht auszudenken,
wo sie sich befänden.
Er sieht zur Rechten hinüber –
die sitzt still und von Geheimnissen voll,
dann zur Linken schräg gegenüber –
was diese wohl will?

Ich kann euch in Paris ein Hotel gut empfehlen:
das Hotel Bucy Libération.
Was? Das würden sie auch stets wählen,
das Hotel kennen sie schon.

Unter 1000 Hotels in dieser Stadt,
wenn das kein Schicksal ist,
gehen wir in dasselbe Hotel, ja das hat
Schicksalscharakter.
Vielleicht schliefen wir schon im selben Zimmer,
nur nicht zur gleichen Zeit,
wir teilten das Bett, doch hatten kein Schimmer –
es klang fast schon, als tät es ihr leid –
vom andern, der in einer andern Stadt schlief,
getrennt durch Raum und durch Zeit.
Und die Stille senkte sich tief
über ihn und die zwei Frauen.
Ihre Gedanken waren fast greifbar,
doch Harald wollte es jetzt nicht versauen,
und um ein Haar
wäre jetzt gar nichts passiert.
Before Sunrise habt ihr sicher gesehen?,
fragte Julie und sie gebiert
Erinnerungen an diesen Film,
wo am Ende beide dann gehen
und verliebt den Zug gemeinsam verlassen.
Vielleicht sollten wir alle in Hamburg aussteigen,
wir würden sonst auch was verpassen?
Wir müssen uns vor dem Schicksal verneigen,
du musst nach Lübeck und wir beide nach Kiel –
kommt, steigen wir aus

und spielen gemeinsam das Spiel.
Wir kommen noch früh genug heut nach Haus,
oder erst morgen, dabei berührten sich wieder die Knie.
Kennt ihr das Atlantic?
Ich sage – jetzt oder nie!
Das Hotel ist très chic
und nicht weit vom Bahnhof gelegen – und schon standen
sie an der Bar dort am Tresen
und Julie fragte Nadine ganz verwegen:
Ist es das schon gewesen?
Oder trinken wir lieber oben gleich weiter?
Barmann, eine Flasche Champagner aufs Zimmer!
Und einen Whisky für unsern Begleiter,
denn, Barmann, heute ist nichts so wie immer.

Kleidungsstücke,
vermutlich verloren

Und tout de suite auf der Suite
drehte Julie an dem Dimmer
und ließ sanft ihr Kleid herniedergleiten.
Und Nadine öffnete den Knopf ihrer Hose –
und sagte: Heute werden wir uns Freude bereiten,
und verstreute darauf lose
Hemd und BH auf Teppich und Bett.
Julies Seidenstrümpfe glänzten perfekt,
der Champagner perlte mehr als nur nett,
Harald zeigte, was in ihm steckt,
Nadine entblätterte sich voll und ganz,
Julie war vollkommen und nackt,
Harald entpackte sein Was-reimt-sich-auf-ganz,
ja die Wollust hatte die drei vollends gepackt.
Haralds Hände streiften auf und nieder,
streichelten Julies und Nadines sanfte Haut
über Arme und Beine und Glieder
und beide Frauen stöhnten jetzt laut,
als er ihre Brüste berührte
und sie ihn zärtlich empfingen
und er sie zu mehr noch verführte
und sie ihn zu küssen anfingen,
befanden sie sich schon im Liebeswahn.

In Kürze erreichen wir dann auch Göttingen,
Thank you for travelling with Deutsche Bahn!

Entschuldigen Sie, wir müssen hier raus.
Können Sie mir wohl meine Jacke geben?
Julie zog sich ganz sicher nicht aus,
sondern an – im richtigen Leben.
Und entschuldigen Sie,
wir wollten Sie vorhin nicht wirklich auslachen,
aber Sie haben immer noch Petersilie an Nase und Wange,
und da konnten wir wirklich nichts machen.
Immer wenn wir uns ansahen, dauerte es gar nicht lange
und wir grinsten erneut.
Also tschüss und noch ne gute Weiterfahrt.
Äh, ja auch, und hat mich gefreut,
stotterte Harald und dachte, was hab ich gespart:
Eine Suite im Atlantic ist ungeheuer
schön, aber auch wahnsinnig teuer.

Thank you for travelling with Deutsche Bahn

Der Besenstiel

hat Stil

In den trüben Fluten des Nil
schwamm von einem Besen der Stiel,
den verschluckte ein … Alligator

Die Damenhandtasche, die kostete viel.
Kein Wunder: Die Tasche, die hatte Stil.

*Wissenschaftliche Anmerkung: Alligatoren kommen nur in
Amerika und China vor, nicht jedoch in Ägypten.
Alligatoren stehen heute nach viel zu vielen teuren Damenhand-
taschen unter strengem Schutz, so dass die Bestände sich vor
allem in Amerika deutlich erholt haben.*

Der zerstreute Professor

Der zerstreute Professor war natürlich gar keiner,
denn sein Rang als Gärtner unwesentlich kleiner,
dennoch wurde er stets so genannt.
Jede Pflanze hat er blind erkannt
und mit lateinischem Namen benannt.

Nur moderne Gartengeräte mochte er nicht so gerne.
Und bei Motorgeräusch suchte er meist die Ferne.
Nur dieses eine Mal nicht
und das stand ihm nicht gut zu Gesicht,
weil es ihm das Genick bricht.

Nein, es brach, doch gemach weiterberichtet,
hätt die Maschine ihn niemals vernichtet,
hätt er den Giersch nicht mit den Rosen verwechselt.
Dann wäre der Giersch und nicht die Rosen gehexelt
und alles im Lot und das Beet fein gedrechselt.

Doch ich denke, es war noch nie eine gute Idee:
Rosen aus dem Schredder befreien tut weh,
denn leider hat sich der zerstreute Professor verheddert
und wurde von der Hexelmaschine geschreddert,
mit Haut und Haar und alles zerfleddert.

Aber das hädd er, nein hat er ja nicht lange bereut.
Das Ende kam schnell und nun liegt er zerstreut

als Dünger, mir dünkt, im städtischen Garten.
Ob Giersch oder Rosen dort wachsen, bleibt abzuwarten.
Wir wissen nun aber, wie Sprichworte starten.

rosige Zeiten
dank Dünger

Bitte freimachen

45

Freimarke

Briefmarkensammeln ist heute ziemlich verpönt,
und das ist noch euphemistisch geschönt:
Wer sammelt, gilt als veraltet,
als einer, der sein Leben gestaltet
mit Pantoffeln und mit ner Strickjacke,
als schrulliger Kerl mit einer Briefmacke.

Doch ganz anders sieht die Sache aus,
hat man in seiner Truhe zuhaus
ganz seltene Schätze,
vielleicht ganze Sätze,
die sind wie Juwelen,
Diebe wollen sie stehlen,
weil die Beute ist leicht
und ein Spitzenwert, der erreicht
auf Auktionen hohe Erlöse,
und das lockt viele böse
Menschen wie Motten das Licht.
Und auch in diesem Gedicht
geht es um Postwertzeichen,
die hohe Preise erreichen
würden, wenn man sie verkauft,
doch Karl hat nur geschnauft:
Seine Marken würd er niemals weggeben,
er könnte ohne sie sicher nicht leben,
doch Trude fand sie gar nicht so toll,

die ganze Truhe war voll,
und im Schrank nahm dieser Schatz
dem Geschirr seinen Platz.

Wenn es ein Schatz denn mal wäre.
Sie kamen ihr in die Quere
an jedem entlegenen Ort,
und sie wünschte sie fort.
Auch im Regal aufgereiht,
brachten sie stetig Streit,
der nicht tot war zu kriegen,
blieben die Briefmarken liegen
dort, wo sie waren.

Ja, die Situation war verfahren:
Zwei Schätze hatte er ihr verborgen
und das machte berechtigt ihm Sorgen.
Der eine – lebendig – hieß Grete,
der andre – postfrisch – brachte Knete,
wenn er ihn zu Geld machen würde,
doch das war die einzige Hürde,
über die er noch nicht springen wollte,
denn wenn er das tun sollte,
verlör er das einzige wertvolle Stück,
das er besaß, und sein Glück
hing doch daran wie an sonst nichts.

Und so verwahrte er angesichts
der Diebstahlsgefahr das Stück dieser Ausnahmeklasse
in der grauen Masse
andrer unentwerteter gültiger Werte,
nur dass dieses das Wörtchen „Deutschland" entbehrte,
das seit Jahren auf jeder deutschen Marke steht –
ein Fehldruck, wie er nur selten entsteht.

Die Marke, Melanchthon zu Ehren,
würde sonst keiner begehren,
doch so war sie fast nicht zu bezahlen,
und Karl litt unsagbare Qualen,
jemand könnte sie finden in ihrem Versteck,
drum sortierte er auch stets um zu dem Zweck,
sie noch unauffindbarer zu machen
in der Masse der wertlosen Sachen.
Es war fast schon eine Manie,
jemand fände sie
und nähm sie ihm weg.
Leer wär das Versteck,
drum sah er fast täglich nach ihr,
schließlich gab es nur vier
bekannte Fehldruck-Exemplare –
wahrlich, das war nicht Massenware –
und so öffnete wie immer auch heute
Karl behutsam das Album,

schaute hinein und blieb stumm:
Panik stieg sofort in ihm auf.
Er nahm gewiss alles in Kauf,
nur das Undenkbare nicht.
Blut entwich seinem Gesicht.
Er erschien alt und blass.
In seinen Augen erkannte man Hass.
Sein Mund war verkniffen und grimmig.
Der Schrecken war stimmig
ihm anzusehen.
Wie war das zu verstehen?
Er hatte sich doch nicht geirrt?
Er war doch nicht verwirrt?
War sie auf der Seite gleich gegenüber?
Nein, der Gedanke ging schnell vorüber.
Er sah doch die Lücke, die klaffte,
fassungslos jetzt angaffte,
bis er sich schließlich aufraffte
und nach Trude schrie:

Trude Trude

Doch Trude kam nie,
so laut er auch schrie.
Nur in der Küche fand er nen Zettel
von der alten Vettel.

war wertvoll

Sie wär noch schnell was besorgen
zu essen für morgen
und die Post noch wegbringen,
und damit ihr das gelingen
konnte – er würde das sicher verzeihen –,
musste sie sich eine Marke ausleihen,
denn sie hatte leider gar keine mehr,
doch sie bemühte sich sehr,
seine Sammlung nicht zu sehr zu gefährden,
drum hätt sie aus den Herden
eine aus der Masse statt Klasse genommen,
liest er unter Tränen verschwommen.

An wen hast du geschrieben?
Wo ist meine Marke geblieben?,
empfing Karl schon bald darauf seine Frau,
und die erzählte ihm ganz genau,
dass sie bloß an ihre Schwester schrieb,
sie sei gewiss kein Markendieb,
und die Marke sei auch gewiss nicht verschwunden,
sondern bereits in ein paar Stunden
oder vielleicht auch ein oder zwei Tagen
müsst er sich nicht mehr beklagen,
nein, dann sei sie wieder da,
abgestempelt zwar,
aber doch sonst unversehrt.

Seine Wut, die war abgewehrt,
doch er sehnte sich flehend nach morgen,
sein Bett war zerwühlt voller Sorgen,
immer hat er nur dran gedacht:
Wann wird die Post dort gebracht?
Wann ruft sie zurück
und berichtet ihm, dass das Stück
wohlbehalten dort angelangt ist?

Wann, wann, wann?

Die Zeit war eine Schnecke,
doch dann, dann, dann …
dann rief sie an.
Der Brief wäre sicher bei ihr angekommen.
Er schloss die Augen vor Glück, und benommen
hörte er sie dann fragen,
nein, vielmehr feststellend sagen:
Aber Melanchthon, der ist das nicht.
Ich kenne ihn gut und sein Gesicht.
Die Marke zeigt Hildegard, jene von Bingen –
Karl musste mit dem Atem jetzt ringen –
er kämpfte mit Krämpfen und musste sich fangen,
wohin war seine Marke gegangen?

Trude, hast du noch einen Brief abgeschickt?
Und da hat sie ganz langsam mit dem Kopfe genickt.
Ja, und an wen?, frag ich dich.
Ich glaub, ich erinnere mich …

Weil ich mir doch fast alles merke.
Die Karte ging … an die Wasserwerke
… mit dem Zählerstand,
und auf der Karte, da stand:
…
Bitte freimachen,
falls Marke
zur
Hand!

Wasserwerke

Nachwort:

Trude und Karl sind seitdem getrennt,
und wer von euch allen die Wasserwerke kennt,
weiß, dass man die Suche besser gar nicht erst starte
nach einer überfrankierten Zählerstandkarte.

Seltsam ist nur an der ganzen Erzählung,
dass nach Trudes neuer Vermählung
die Marke später auftauchte, und zwar im Raum Trier.
Ein Zufall, denn noch gar nicht so lang wohnte hier
Trude mit ihrem neuen Freund Horst,
frisch von Grete geschieden,
und nach Karls Herzinfarkt, da haben die beiden
den Kontakt streng gemieden.

Pfannkuchen

oder

grünkohl

lecker grünkohl

Flüsse können nie zu ihrer Quelle fließen.
Was einmal war, das war einmal.
Eine alte Liebe neu aufgießen
ist wie Pfannkuchen zum zweiten Mal.

Wollt er einmal mit ihr genießen,
auf längre Zeit vielleicht sogar,
mit seinen Lippen ihre schließen,
tat so und es war wunderbar.

Doch kam die Zeit, sie ihn nicht ließen.
Die Meinungen in zwei geteilt.
Der Streit dazu, sie zu verdrießen,
das Ende da hat sie ereilt.

Die Liebe, welche sie genossen,
ist vertan und wird zur Qual.
Unausgesprochen ist beschlossen,
was der Verstand ihnen befahl.

Aber es irrt der Mensch, solang er strebt,
grad weil er den Verstand gebraucht,
und nur in Gefühlen lebt,
was noch lange nicht verbraucht.

Hört sie den Fluss zur Quelle fließen?
Und er besaß es doch einmal?
Sollen sie das Alte nicht wegschließen?
Grünkohl schmeckt besser noch beim zweiten Mal.

Immer wieder samstags

Man musste
die Kirche im
Dorfe doch lassen

Lange bevor die Hochzeit begann,
fing schon alles damit an,
dass der Anzug noch nicht fertig war.
Die Frau in der Reinigung, die sagte zwar,
dass er gleich fertig wäre,
doch kam ihr in die Quere
diese alte Frau mit ihrer Bluse –
und die Zeit im Nu_se
war vergangen und ich kam sehr spät –
verflixt und zugenäht –
nach Haus, mich anzukleiden.
Genau das wollte ich vermeiden,
nur dieses eine Mal,
denn immer wird die Zeit zur Qual,
stets ist sie zu knapp bemessen,
haben wir noch was vergessen,
und gerade bei ner Hochzeitsfeier
ist es stets die alte Leier,
fast so wie bei nem Konzert
ist es die Zeit, die zerrt
an Ilses und an meinen Nerven.
Ich muss meinen Blick jetzt schärfen
für die wichtigen Dinge,
auf dass es mir gelinge,
die Krawatte zu binden
und die Knöpfe zu finden

für die Manschetten,
die Schuhe, sie hätten
längst fertig sein sollen
(man muss es nur wollen),
jetzt nehm ich die ollen,
doch nein, ich muss stutzen
und sie noch schnell putzen,
und das alles in 20 Minuten
und wir haben keinen Routen-
planer und die Kirche liegt irgendwo am Stadtrand
oder gar auf dem Land,
ganz sicher versteckt.
Apropos, wo Ilse nur steckt?
Sie ist sicher im Bad,
und in der Tat:
Sie cremt sich grad ein.
Wie spät mag es sein?
Du weißt, gleich müssen wir los!
Und weißt du genau, wo's ...?
Ich dachte, du hast den Plan.
Nicht dass wir uns verfahr'n.
Wie lange brauchst du denn noch?
Ich sagte dir doch –
Du bist gleich fertig, na klar.
Beeil dich, weil ich sonst ohne dich fahr.
Du, mein Haar ist noch nicht fertig geföhnt!

Da hab ich laut aufgestöhnt.
Du hast es leichter als Mann!
Das kommt auf die Zeitplanung an!
Du musst eben früher beginnen,
dann kannst du auch binnen
zwei Stunden wohl fertig sein.
Ach, lass mich allein!
Ich soll dir doch vor allem
und sowieso allen gefallen,
und das braucht seine Zeit.
Ich bin gleich so weit.
Ich muss nur noch die Nägel,
das ist bei mir Regel,
schnell noch lackieren
und dann die Haare frisieren.
Die sind doch schon schön!
Wo hast du den Föhn?

Und das dauert jetzt wieder.
Jedes Mal das gleiche Lied,
nein die Lider,
genau die wurden jetzt angetuscht,
dann kam aus dem Bad sie gehuscht
und eilte zu ihrer Tasche,
öffnete rasch deren Lasche
und kramte nicht lang darin rum.

Ich staunte nur stumm,
wie schnell sie das grüne Halsband,
das sie suchte, drin fand,
enthält doch die Tasche vielleicht 1000 Dinge,
Schlüssel, Tücher und Ringe,
Fläschchen, Dosen und Cremes,
doch sie fand bequem
stets das, was sie suchte –
währenddessen ich fluchte,
tuschte sie ihre Wimpern,
um mit ihnen zu klimpern,
und so auf die Dauer
wurde ich langsam sauer,
doch sie stand da immer noch nackt.
Normalerweise, da packt
jeden Mann irgendwann
dann die Lust,
doch ich spürte nur Frust:
Wir hätten längst müssen –
Versuch nicht, mich zu küssen,
dafür ist keine Zeit!
Ich bring nur dein Kleid.
Ah, ihr Männer seid immer bereit.
Nein, wir müssen immer nur warten!
Du kannst das Auto schon starten,
dann hab ich meine Ruhe.

Wo sind meine Schuhe?
Soll ich die oder die?
Soll ich nun gehen oder wie?

Gefühlte zwei Stunden später
in der Sauna, im Auto-Bräter,
hörte ich ihre Schritte,
klick-klack, diese Tritte
kannte ich ganz genau.
Und dann sagte sie schlau:
Du, ich glaub, wir müssen noch tanken,
doch erst bei den Schranken
vom Bahnübergang
und damit dem Zwang,
stehen zu bleiben
und die Zeit zu vertreiben,
war die Stimmung nicht gut.
In mir kochte die Wut.
Und dann die Zeit, die sich dehnte,
wie man sich danach sehnte,
dass es weiterging.
Meine Geduld, ja sie hing
am hauchdünnen Faden.
Ich war so geladen
wie ein Pulverfass.
In mir brodelte Hass

auf unzählige rote Lichtzeichen.
Die Farbe Grün konnten wir streichen
dank einer Fehlschaltung
im Ampelsystem,
doch bewahrte ich Haltung.
Ich schlug nur aufs Lenkrad
und konnte noch grad
der Kuh schnell ausweichen –
wir wurden nicht heut zu Leichen –,
die auf der Weide jetzt vor uns stand.
Und bis ich zurückfand
auf den kleinen Dorfweg,
hatte ich den Beleg,
dass moderne Stoßstangen
in allen Belangen
nicht ihrem Namen entsprechen,
nur für das Blech muss man blechen.
Und dann kam das Gewitter.

Es war stark und auch bitter
für uns, denn durch den Schauer
konnten wir auf die Dauer
uns nur langsam bewegen.
Und durch diesen Regen
konnten wir die Kirche nicht sehen.
Es war nicht zu verstehen –
ganz und gar nicht zu fassen –
Man musste
die Kirche im Dorfe doch lassen
Und endlich da … das alte Gotteshaus.
Es sah so still und verlassen aus.
Natürlich, die Trauung war in vollem Gange,
und alle Gäste waren schon lange
auf ihren Plätzen.
Wir mussten uns nur schnell setzen
in die letzte Bank.
Doch Gott sei Dank –
wir konnten gar nichts dafür –
quietschte jetzt laut die Kirchentür
und setzte alle von unserm Dasein ins Licht.
Selbstverständlich, das wollten wir nicht!
Alle drehten sich zu uns um.
Wo sind unsre Tarnkappen, dachten wir stumm
und starrten in lauter fremde Gesichter.
Ein gefundenes Fressen für mich den Erdichter

dieser Geschichte,
über die ich berichte,
als wär es die meine,
doch wie sagt schon Heine,
der warnend seinen Finger hebt:
Es irrt der Mensch, solang er strebt,
doch nein, es war Goethe
und wir kamen in Nöte,
denn auch das Brautpaar schaute uns nunmehr an
und machte uns klar, wie man sich irren kann.
Er war groß, dürr und picklig,
sie eher klein, rund und dicklich,
hässlich zu hässlich, das passt, wie ich fand,
doch warn mir beide komplett unbekannt.

Ja, wer war das Brautpaar,
das gewiss nicht das unsere war?
Und wer warn all diese Leute?
War unsre Trauung etwa nicht heute?

Ein Blick auf die Karte
verriet, die Feier, sie starte
erst kommenden Samstag, doch zur selben Zeit.
Wir atmeten auf, begruben den Streit,
doch dacht ich sogleich voll erneuertem Zorn:
Dann beginnt nächsten Samstag das Drama von vorn.

Der ach so gute König,
die Assel und eventuell
ein Riese oder
Forschungsetat

schleicht heimlich in der Kachelritze
zur Kachelspitze

Darob ich, der Herr im Hause,
nach dem fetten Festtagsschmause
geschäftig auf dem Throne sitze
und in dem Geschäfte reichlich schwitze,
schleicht heimlich in der Kachelritze
eine Assel hin zur Kachelspitze.

Erstaunen fördert auf der Stirne Falten,
aus des Königs Augen werden Spalten –
Lass Sturm und Krieg und Böses walten:
Wie kann ich ihren Tod gestalten?

Ihr Anblick macht mir Unbehagen.
Wie kann sie in mein Reich sich wagen?
Ich werd sie mit dem Hausschuh jagen –
das Scheusal soll wen anders plagen.

Dem leichten Schuhdruck hält sie stand.
Sie klettert an den Kachelrand.
Mein Hausschuh, jetzt in meiner Hand,
streift langsam hoch entlang der Wand …

… und stößt sie an, da fällt sie nieder,
strampelt, fuchtelt ihre Glieder
in die Höhe immer wieder –
dazu summ ich Trauerlieder. Hihi.

Dann brech ich ab. Vollkommne Stille.
Ich denke jetzt, es sei mein Wille:
Schafft sie es zur Kachelrille,
weiß ich noch nicht, ob ich sie kille.

Doch sie liegt auf ihrem Asselrücken.
Wie leicht könnt ich sie nun zerdrücken,
bräucht mich nur hinabzubücken,
um ein Asselbein zu pflücken.

Sie rudert, schaukelt hin und her –
Ach, was hat sie es im Leben schwer ! –
Ich hau mal drauf, nicht allzu sehr,
und siehe: keine Gegenwehr.

Sie paddelt nur noch immer schneller,
will zurück in ihren Asselkeller.
Ihre Beinchen hoch sind wie Bittsteller,
doch hab ich nichts auf meinem Gabenteller.

Ich könnte ihr das Leben schenken,
ich könnt ihr auch ein Bein ausrenken,
ich könnt sie in die Ecke lenken,
ich könnt mir ganz was Fieses denken:

Ich könnt sie langsam – krrrkkk – zertreten,
den Panzer knacken an den Nähten,
könnt Asselteig zu Kugeln kneten –
tja, die Assel lehr ich gründlich beten.

Doch was ist das, es schwankt der Raum;
die Lampe zittert, welch böser Traum;
es kracht und poltert, als fiel ein Baum:
Ein Riesenschuh, ich glaub es kaum.

Das Ende mit dem Riesenschuh kam mir hinterher
etwas zu plötzlich, deshalb habe ich das Ende ein
wenig abgeändert.

Doch betracht ich sie gewissenhaft.
Forschung, Sinn und Wissenschaft.
Gleich hat es sie dahingerafft,
sie scheint auch schon ganz abgeschlafft.

Kann ich das Tier so sterben lassen,
wird es mich im Jenseits hassen,
verbünden sich zu Asselmassen
und mir dann eins zurückverpassen?

Ein Tier aus Zeiten vor der Zeit,
aus grenzenloser Einsamkeit,

wie konnt es leben weit und breit,
wo liegt der Sinn, denk ich gescheit?

Wie bin ich gut, wenn ich sie lasse,
ihr jetzt nen kleinen Stups verpasse?
Der König hilft der Asselrasse
und erhöht auch gleich die Forschungskasse.

Unter des Königs Hintern hat's gekracht.
Die Königssitzung ist vollbracht.
Nach Stunden ist nun finstre Nacht:
Ja, so wird Politik gemacht.

Thron

Der Mückenfurz –

eine Art Liebesgedicht

Du hast mir gewunken
und ich bin betrunken.
Betrunken vor Glück,
und es gibt kein Zurück.

Mein Kopf wiegt hin und her,
mein Kinn sinkt bleiern schwer –
Ja, ich bin betrunken
dann aufs Bett gesunken.

Denn ich bin ja so verliebt –
Dass es so was gibt?
Dabei sah ich dich so kurz,
so wie ein Mückenfurz.

Hagelsturz

So wie der Hagelsturz,
ganz einfach viel zu kurz,
und doch ist nichts so, wie es war:
Mein Kopf ist nicht mehr klar.

Warum so kurz?
Ach ist mir schnurz!

Ich schlaf jetzt ganz in Ruh,
und nur mein Kissen hört mir zu,
wenn ich im Traume von dir sprech:
Du läufst mir nicht mehr wech.

Ein wahres Gedicht

oder

Das Jüngste Gericht

(so genau weiß man das nicht)

Dein Kreislauf läuft nicht mehr im Kreis,
auf deiner Stirn rinnt kalter Schweiß.

Kein Mensch weiß so genau,
vielleicht sprach seine Frau:
„Weißt du, dein Pilzgericht,
das ist ein wahres Gedicht."
Und er hat gedacht:
Das hab ich richtig gemacht,
denn eins weißt du nicht:
Ich bin das Jüngste Gericht!

Stundenlang
wie im Zwang
hab ich den Wald abgesucht
und dich im Innern verflucht.
Knollige Pilze hab ich viele gefunden
unter Blättern, doch dauert es Stunden,
bis deren Gift dich niederstreckt,
und außerdem ist der Plan nicht perfekt,
denn wie nur kann ich es vermeiden,
den Pilztod ebenso zu erleiden,
da ich die Pilze doch auch essen muss.
Einmalig, ganz sicher, ist der Genuss.
Und außerdem brauche ich sicherlich schlicht
ein Alibi für den Todesbericht.
Doch wie können Pilze als Mordwaffe taugen,
was kann ich mir aus den Fingern da saugen?
Wie nur begründe ich meinen Verzicht

auf meine Pilze, auf mein Gericht?
Nein, das würd wohl kein Mensch je verstehen,
alle würden in mir den Mörder nur sehen.
Nein, essen muss ich stets das Gleiche,
doch trotzdem wirst nur du zur Leiche.
Weil ich beim Wein stets abwinke
und keinen Tropfen Alkohol trinke.
Ja, ein Pilz für jede deiner Falten,
so werd ich deinen Tod gestalten.
Oh ich mag dich nicht mehr sehen
und so musst du von mir gehen.
Im Faltentintling, wie das passt
für einen wie mich, der dich so hasst,

der Wein erlöst uns   steckt das Coprin, der Wein, er lösts,
von manchen Sorgen   und ich bin dann auch von dir erlöst.
Doch ich les, es macht Beschwerden:
Der Alkohol kann nicht abgebaut werden.
Er ist in Wahrheit das wirkliche Gift,
das Coprin-gestärkt ins Zentrum trifft.
Dein Kreislauf läuft nicht mehr im Kreis,
auf deiner Stirn rinnt kalter Schweiß.
Jetzt fällt dir auch das Atmen schwer:
Du atmest nicht und dann viel zu sehr.
Erst wird dir kalt, jetzt ist dir zu heiß,
das ist gewiss und wie jeder weiß,
ein Zeichen naher Schwäche.

Ja, du zahlst die Zeche
für Jahre ohne Sport.
Dein fetter Körper will den Mord.
Dein Herz, das stolpert,
der Rhythmus, er poltert,
der Kollaps ist da –
und ich schrei Hurra!

Doch konnt ich die Pilze nirgends entdecken.
Es war, als wollten sie sich verstecken.
Ich schaute gewiss unter jede Föhre,
doch fand auch vom Hexenpilz nicht die Röhre,
und auch vom netzstieligen fiesen
Finsterling mit dem ganz schrecklich miesen
Aasgeruch fand ich keine Spur,
denn beide stehen nur
in Symbiose mit Buchen,
ja, dort wollt ich suchen
und fand unter moosigem Filz
nur nen famosen Steinpilz,
ja, ein Prachtexemplar,
das zwar wunderbar,
doch unbrauchbar war
für meine Zwecke,
doch dort bei der Hecke
am Rande des Wegs

dein fetter Körper will den Mord

fand ich keineswegs
den Faltentintling,
nur ein paar Pilze mit Ring
rund um den Stiel,
und das war zu viel.
Mir rauchte der Schwefelkopf,
kein Faltenpilz für meinen Topf.
Gereizt war ich aufs Blut,
da endlich fand ich nen Hut
von einem Schleimefuß,
und das war wie ein Gruß,
der kam zur rechten Zeit:
Wo der steht, ist mein Pilz nicht weit!
Und schon sah ich sie zuhauf!
Es war grad so wie auf
diesem Bild im Internet:
Faltig und gar nicht adrett
standen sie da, wie ihre Lamellen gedrängt,
zwischen zwei Stümpfe von Bäumen gezwängt,
typisch am Stiel diese Wulst,
passend am Kopf die Geschwulst.
Ja, ich bin zwar keiner,
doch für die Lateiner:
Coprinus atramentarius
macht mit deinem Leben Schluss!

So antwortet er vielleicht ganz vergnüglich:
Ja, die Pilze, die schmecken vorzüglich!
Wir sollten beide anstoßen
auf diesen großen
Tag voller Wunder
mit nem Gläschen Burgunder.
Und sie trinkt von dem Wein,
doch sich schenkt er Apfelsaft ein.
Und die Gläser verklingen,
gleich wird sie ringen
in ihrer Not
mit einem qualvollen Tod –
Ja, so ist das Leben,
der Herr hats gegeben
und auch Pilze geschaffen,
die dich dahinraffen.

Doch die Wirkung lässt auf sich warten.
Wann wird sie starten?
Wir sind schon beim Dessert,
und das liegt mir schwer
irgendwie dort im Magen,
ist kaum zu ertragen,
warum aß ich auch beide Dessert,
ach ja, du mochtest nicht mehr,
und ich lass nichts umkommen,

doch ich fühl mich benommen.
Meine Augen, sie brennen.
Ich möcht aufstehen und rennen,
ja ich brauche jetzt Wasser.
Meine Haut, sie wird blasser,
ich kann's förmlich spüren.
Meine Adern, sie führen
kaum noch genug Blut.
Nein, mir geht's nicht gut.
Mich erfasst wilder Schwindel.
Ja, sagst du, der Schwindel
sei nun aufgeflogen,
oh, ich hätt dich betrogen.
Eng wird meine Brust –
Du hättst es gewusst –
Ich krieg keine Luft –
Ich sei ein Schuft –
Und noch dazu dumm –
Ich röchel, bleib stumm.
Nein, die ganze Planung,
ich hätt keine Ahnung
von Suchmaschinen
und wie die zu bedienen,
ohne Spuren zu machen,
da könne sie lachen,
das wüsst ich wohl nicht –

Mein Herz pocht und sticht
und ich seh nur verschwommen
dich näher kommen
und über mich beugen,
und ganz ohne Zeugen
wisperst du in mein Ohr,
ja erzählst mir, bevor
ich das Bewusstsein verlier,
ein wenig von dir,
wie du suchtest bequem
im Internet nach der Creme,
doch beim Suchbegriff Falten
wurden wie immer die alten
Taten
im Netz verraten
und im Nu kam der Link
zum Faltentintling,
und zwei und zwei ergibt vier,
wie du mir, so ich dir.
Hat der Saft heut geschmeckt,
gute Geister geweckt?
Eau de vie
schmeckst du nie,
grad im Dessert
wär's nicht schwer,
geist'gen Stoff zu verstecken.

Und jetzt soll ich verrecken,
ja, sie hätt es geschafft,
denn sie trank auch nur Saft
und wär gar nicht berauscht,
sie hätt den Wein ausgetauscht,
und nur das Dessert,
das läg eben schwer
mir wohl im Magen,
sei auf diesen geschlagen,
drum würd sie auch sagen:
Ich könnt nen Verteiler vertragen.
Das ist dann dein letzter Genuss,
denn damit ist mit dir Schluss!

Und wenn das Gedicht jetzt so endet,
hat das Blatt sich gewendet,
doch Sie haben es sicher erkannt,
dass – alle Fäden in seiner Hand –
für das Amt vom Jüngsten Gericht
in Wahrheit nur einer besticht.

Dreistigkeit

Versuch zur Bestimmung des Wortgehalts
an einem anschaulichen Beispiel

Duckmäuser

Ich liebe eigentlich den Frieden,
Kriege habe ich lieber vermieden.
Auch über kleine Streitigkeiten
mochte ich nicht lange streiten,
doch ich hatte eine Grenzerfahrung,
und da war's mit der Bewahrung
meiner inneren Ruhe schnell vorbei,
denn sein Verhalten war so drei
st, dass mein Kern zerfiel und schmolz –
ja, ich hatte meinen Stolz
und ließ mir das nicht bieten.
Schon seine Blicke verrieten
mir das Ausmaß seiner Schuld,
und da war die Geduld
bei mir dann am Ende:
Ich starrte auf seine Hände
und auf den Karton mit Altpapier,
den er vor mir
mit seinem Mantel wohl verdecken wollte.
Ich fragte umso mehr: Was sollte
dieses auffällig unauffällige Verhalten?
Warum verbarg er vor mir die alten
Journale, Zeitungen, Gazetten?
Was wollte er vor meinen Blicken retten?
Es war die Zeit, die ich so suchte,
gesucht hatte und dann fluchte

wie so oft in letzter Zeit.
Auf der Treppe weit und breit
war keine Zeit zu finden.
Sie war verschwunden, diese Zeit, unwiederbringlich,
auch philosophisch, nicht nur dinglich,
war die Zeit sinnlos vergangen
auf der Suche, dem Verlangen,
an meine Zeitung zu gelangen,
die ich seit Jahren abonnierte.
Ganz sicher: Herr Kräuterbach genierte
sich vor mir und wollte schnell vorbei,
doch macht ich nicht die Treppe frei
und stellte mich demonstrativ
in deren Mitte und ich rief:
Sie haben meine Zeit gestohlen.
Darauf er ganz unverhohlen:
Nein, Sie stehlen meine.
Ich stähle ihm die seine?
Ich seh das Blatt doch ganz genau.
Ein Blatt hat man beim Skat, sagte oberschlau
Herr Kräuterbach, der wohl ein Besserwisser ist.
Ich hab die Zeitung sehr vermisst,
vergangene Woche und schon häufig.
Es sei ihm nicht geläufig,
was er damit zu schaffen habe.
Er hatte diese zweifelhafte Gabe,

Kettenreaktionen bei mir auszulösen,
die den bösen
Kräften in mir Oberwasser geben.
Ich stand ein wenig neben
mir und hinderte damit Herrn Kräuterbach,
die Treppe runter nach
der Ausgangstür zu gehen,
und wollte nunmehr sehen,
ob die Zeitung, zuoberst zwar
eine Zeitung doch nicht meine war,
doch ich sah es ganz genau,

Herr Kräuterbach
geniert sich vor mir

da war der Name meiner Frau
gedruckt am Zeitungsrand,
ich hab ihn gleich erkannt.
Seit Jahren schon bekamen
wir die Zeit auf ihren Namen.
Da, das ist doch der Beweis –
nun reden Sie kein Scheiß!,
vergaß ich den guten Ton,
Beginn der Kettenreaktion.
Ihre Frau hat sie mir ausgeliehen!
Und das hab ich ihm ganz sicher nicht verziehen
und mich verbal gewehrt:
Das hat sie nicht, nein, sich beschwert
beim Verlag, dreimal am Telefon.
Die Zeitung fehlte schon
in der letzten Woche und davor
und sie beschimpfte, ja ich schwor,
sogar den Brief, der wird immer träger,
doch ich war stets schon ein Heger
des Diebstahlverdachts,
doch ohne Beweise, da bracht's
mich kein bisschen weiter,
da plötzlich, da schreit er –
nein, schrie –, was mir einfiele,
Zeitungen gäbe es viele,
er hätte die Zeitung doch auch abonniert,

log er schon wieder ganz ungeniert
mir direkt ins Gesicht.
Und soeben sagten Sie nicht,
Sie hätten sie ausgeliehen?
Ach, lass mich jetzt durch.
Nein, Sie können nicht fliehen.
Hier ist Ihre Zeitung, steht ohnehin nicht viel drin.
Ha, Sie geben's ja zu und ich bin
sicher, im Karton sind die andern Ausgaben.
5 Euro pro Stück will ich haben,
die zahlen Sie auf der Stelle!
Nu mach mal hier keine Welle,
die alten Ausgaben
will doch keiner mehr haben.
Keine Welle? Jetzt sicher nicht mehr.
Dabei versuchte er quer
an mir vorbei die Treppe runterzusteigen,
doch ich gehörte nicht zu den feigen
Duckmäusern
in anderen Häusern,
in denen laufend Zeitungen verschwinden,
ohne sie je wiederzufinden.
Nein, Geld her, schrie ich, Kräuterbach,
oder ich weiß nicht, was ich mach.
Die 5 Euro haben Sie nötig, ich seh's Ihnen an,
sagte er, und im Anschluss daran:

Dabei zahlen Sie im Abo sicher nur 4
und wollen mir hier
in dreistester Weise 5 Euro abpressen.
Und da hab ich mich vergessen,
mein Kern war geschmolzen,
gerissen der Bolzen,
geplatzt das Ventil,
denn nun war's zu viel:
Der Schlag traf sein Kinn
unvorbereitet und er fiel hin.
Der Karton entglitt seinen Händen,
die kratzten an allen Wänden
vom Treppenhaus,
doch er rutschte (auf der Zeit von letzter Woche) aus
und fand keinen Halt
und schon bald
sah ich ihn ein paar Meter unter mir liegen.
So wollte ich hier zwar nicht siegen,
aber er hatte es nicht anders verdient.
Seine Arme sind jetzt beide geschient
und können keine Zeitung mehr halten,
doch auch meine Frau und ich sind nicht mehr die Alten,
denn wir warn vor Gericht und nach dem Urteil
finde ich nun mein Heil
in sozialem Dienst mit langer Bewährung.
Die Tat sei an sich verständlich vielleicht,

so sagte der Richter, doch das allein reicht
vor Gericht leider nicht aus.
Den Nachbarn zu schlagen wegen des Klaus
von vergänglichem Gut
wäre trotz verständlicher Wut
nicht zu empfehlen,
vielleicht würde er die Zeitung mir stehlen,
doch der Richter sprach weiter, es täte ihm leid,
es ginge ihm um Verhältnismäßigkeit.
Da stand ich ungefragt auf und dachte, ich müsste
ihn fragen, ob er es wohl wüsste,
was eine Kernschmelze sei:
Verhältnismäßig viel Energie wird dort frei –

bei einer Kernschmelze wird
verhältnismäßig viel Energie frei

Doch das erhöhte, keine Frage,
die Anzahl der Tage
meines Diensts ganz beträchtlich.
Und arrogant und verächtlich
sprach nach dem Urteil zuletzt Kräuterbach,
ob er einen Vorschlag mach
… en könne zum Inhalt meiner Tätigkeiten.
Es würde ihm Freude bereiten,
mich täglich zu sehen.
Ich sollt zu ihm gehen,
er würd dem Gericht jetzt empfehlen,
aus seiner Zeit, die wir stehlen,
ihm täglich vorzulesen –
und das ist sie gewesen,
die Erklärung von Dreistigkeit.

Wie Atomgegner wissen:
die nächste Kernschmelze, die ist gar nicht weit.

Das Mirakel
von
Fickmühlen

Perlhuhn

Vorwort: Die folgende Geschichte ist fast frei erfunden. Allerdings: Der Ort Fickmühlen existiert wirklich. Fickmühlen ist ein kleiner Ort in Norddeutschland zwischen Stade, Cuxhaven und Bremervörde – also direkt im Niemandsland. Der Begriff „Fickmühle" bedeutet laut Duden so viel wie Zwickmühle. Das Wort „ficken" hatte vor Jahrhunderten noch nicht seine heutige Bedeutung. Interessant ist allerdings, dass die Nachbarorte von Fickmühlen Flögeln, Hymendorf und Drangstedt heißen. Das Dorf Fickmühlen gehört heute zur Samtgemeinde Bad Bederkesa. Und noch ein Grund, warum die Geschichte nicht völlig frei erfunden ist: Googlen Sie doch mal Medjugorje.

Vorm Dorfkrug, bei der Scheune:

Und – ist Maria erschienen?
Wenn ich es doch sage,
gar keine Frage,
Maria ist erschienen,
und das war mördergeil,
und zwar weil
sie zu verdienen
hatte ich niemals gedacht,
doch in all ihrer Pracht –
Schlampenstempel ganz frisch –
stand sie da vorn auf dem Tisch
und zeigte, was Münzmalle so kann,
doch ich sage dir, dann
hat die Checkerbraut
sich nicht weitergetraut
und meine Herrenhandtasche,
ich alte Flasche,
die blieb geschlossen.
Ich hatte so Bock, hätt es genossen.
Mir war, als sei ein heller Stern aufgegangen
sie strahlte mich an, in allen Belangen
war ich ihr verfallen
und konnte nicht schnallen,
dass dieser Engel mir nicht gehört,

ja, dieser Gedanke, er stört,
dass das Perlhuhn mir nicht gefallen
wollte, sondern einzig nur dir,
und das sagte ich ihr,
doch sie sagte, sie gehöre doch allen
auf dieser Welt,
und wenn sie mir gut gefällt,
würd sie doch allen gefallen,
und es sei vorherbestimmt,
welchen Vollhorst sie nimmt.

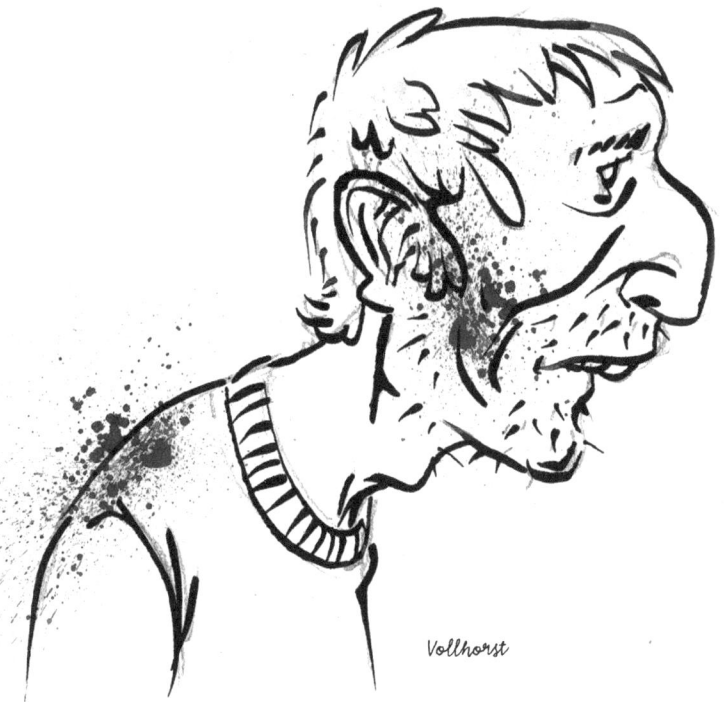

Vollhorst

Im Stroh oder so
wird dann das New Kid geboren,
vielleicht sei ja ich auserkoren,
sagte sie und sie lallte und lachte
und ich dachte,
wie krass ist das denn,
vierlagig,
doch zu meiner Tragik
chillten wir nur so rum
und alkten uns damit um
eine Chance für uns beide,
und ich Vollpfosten leide
jetzt noch darunter.
Ihre Welt, die war bunter.
Sie war hipper als hip
und auf diesem Trip,
doch das war mir latte,
sie war phatt und ich musste veraffen:
Sie war kein Homie für mich,
denn ich wollt sie berühren
und sie verführen,
ja, Maria war mir erschienen,
nein, ein Stern war erschienen,
denn sie war nicht von dieser Welt
und gerade darum gefällt
sie mir pornös noch mal gut.

Aus Fleisch und Blut
ist zwar ihr Körper gemacht,
und ich Kernschwachmat hab gedacht,
es würd zwischen uns funzen,
doch Rentner-Bravo ohne Penunzen.
Immerhin. Maria ist mir erschienen,
wie dir ja wohl auch.
Mehr konnte ich nicht verdienen,
nun ich steh aufm Schlauch.

Vollpfosten

Im Dorfkrug nebenan:

Haben Sie das draußen gehört,
ich bin doch noch nicht gestört,
wenn ich es doch sage, ich sage es Ihnen,
die sagen, Maria sei ihnen erschienen
und das hier bei uns in Fickmühlen.
Wie müssen die sich jetzt fühlen?
Herr Pfarrer, kennen Sie die jungen Leute?
Kommunion, ich hatte die beiden grad heute
im Unterricht, Herr Bürgermeister,
die werden zwar immer dreister
und schwänzten schon so manche Stunde,
aber wir sind eine so kleine Runde,
dass ich sie nicht rausschmeißen kann.
Die Katholiken-Gemeinde, die wäre dann
um ihre Jugend beraubt.
Wir gelten dort als verstaubt,
aber, offen gestanden,
ich hab zwar nicht alles verstanden,
aber mit der Marienerscheinung
ändert sich meine Meinung
auf einen Schlag kolossal.
Das ist phänomenal.
Maria bei uns in Fickmühlen,
das mag so manchen aufwühlen

und unserer Stadt neue Geltung verschaffen.
Und damit euch Pfaffen
und so manchen Pilger bewegen,
sich seinen Segen
bei uns erteilen zu lassen.
Ich kann's noch nicht fassen,
von einem Engel sprach er,
Maria, der Herr
hat dich nach Fickmühlen gesandt,
Doch du bliebst nicht unerkannt –
Wir müssen mit den Jungen jetzt reden,
denn um mit Sicherheit jeden
von ihrer Erscheinung zu überzeugen,
müssen wir die Wahrheit nicht beugen,
sondern brauchen die Augenzeugen.

Vorm Dorfkrug:

Jungs, ihr habt Maria gesehen?
Hä, wie ist denn das zu verstehen?
Natürlich, wir ham sie gesehen.
Nä, Digger, voll konkret,
es war gar nicht so spät.
Ja, klar, im Feinkostgewölbe und dann

hab ich sie später gesehn und ich kann
nur sagen, sie ist mir wie ein Engel erschienen.
Herr Pfarrer, haha, das versicher ich Ihnen,
kein Witz,
wie ein Blitz
kam sie zu mir und ich war selig.
Genau, sie kam zu uns und war uns gnädig.

Eine Woche später

Der erste Bus kam in der Woche darauf.
Die Zeitungen berichteten zuhauf
von der Marienerscheinung in Fickmühlen bei Stade
im norddeutschen Flachland, doch das war es gerade,
was die Pilger aus Bayern und Polen so anzog.
Die erste Maschine aus Rom, die da flog,
kam in Hamburg zwar erst im Monat darauf an,

doch es kam den Pilgern nicht darauf an, wann,

denn zu dem Zeitpunkt waren schon 10.000 vor Ort

und suchten geistige Läuterung an dem Hort

der unfassbaren Marienerscheinung.

Die Gottesmutter, so die verbreitete Meinung,

war der Jugend erschienen, und zwar in Fickmühlen.

So saßen sie denn auf mitgebrachten Klappstühlen

und sangen das Ave Maria in einem fort,

ja, Fickmühlen wurde zum Wallfahrtsort!

Ein großes Kreuz wurde errichtet,

so haben uns Pilger berichtet,

und in Rundfunk und Fernsehen

konnte man das Entstehen

einer Kleinstadt live und in Farbe erleben,

und Marienbildnisse überall geben

der Stadt ein ganz magisches Bild.

200 Seelen, stand auf dem Schild,

zählte das Dorf noch vor ein paar Wochen.

Doch heute schon kochen

in tausend Pensionen

für tausende, die darin wohnen,

massenhaft Pilgermahlzeiten.

Und selbst im ganz weiten

Umkreis der heiligen Stätte

gibt es keinen, der nicht hätte

untervermietet an die Millionen Touristen,

wenn die nicht als totale Puristen
direkt vor dem Dorfkrug jetzt zelten,
um den geistigen Welten
von Maria ganz nah zu sein.
Und ein heiliger Schein
fällt auf alle umher,
doch es wundert dann sehr,
dass seitdem schon hundert und mehr
Menschen ihr Leben haben lassen
müssen, doch bei den Massen
ist das gar nicht viel.

Drei Familien bekriegen sich hart
im Kampf um die Wallfahrt.
100 Souvenirläden
bieten für jeden
Maria in Farbe und in Schwarz-Weiß,
auf Feuerzeugen, Standbildern und so viel Scheiß,
in und auf Shampooflakons und Kühlschrankmagneten
und den Verkäufern ganz sicher nen steten
Absatz all dieser Kostbarkeiten aus Plastik und Stein,
natürlich mehr Schein als heiliges Sein,
aus China, dem Zentrum des christlichen Glaubens,
und mit blinkenden Plastikkreuzen, da rauben
sie den Gläubigen Verstand und restliches Geld.
Ja, so sieht sie aus, unsere christliche weltliche Welt.

glänzendes Haar wie Maria

Doch Maria, hochschwanger, passt da nicht ins Bild.
So kommt es, dass sie ihr Kindelein stillt
in einer Scheune, das Kind, geboren in einer Krippe,
sein Leben stand lange Zeit auf der Kippe,
weil zuhause war kein Platz mehr für sie und das Kind.
Verstoßen ist sie, vermietet ihr Zimmer,

und von dem vielen Geld entfällt kein heiliger Schimmer
auf sie und auf die Kirche erst recht nicht.
Nur Almosen, die bleiben, denn kleine Spenden sind
Pflicht.

Münzmalle = Sonnenbank

Vollpfosten = Dummkopf

Vollhorst = auch Dummkopf

Kernschwachmat = ganz besonderer Dummkopf

Schlampenstempel = Tattoo (am Steißbein)

Checkerbraut = kluges (und schönes) Mädchen

Herrenhandtasche = (Schiesser-) Unterhose

Perlhuhn = besonders schönes Mädchen

vierlagig = besonders gut

alken = sich betrinken

rumchillen = relaxen, ausruhen

phatt = schön, toll, besonders

veraffen = verstehen

Homie = Freund

pornös = besonders toll

funzen = funktionieren

Rentner-Bravo = Apotheken-Umschau

auf dem Schlauch stehen = nichts verstehen

Die Wette

oder

Wie zwei wettende Fachleute
bei nur zwei Auswahlmöglichkeiten
bei unterschiedlichen Antworten
beide die Wette verlieren können

Vor einem prasselnden Kamin in einem stattlichen Herrenhaus drei alte Freunde, allesamt gut betucht. Große Weinkenner.

Aber Tannin hat er noch

1

Die Flaschen sind verhüllt,
die Gläser halb gefüllt,
verdeckt die Etikette,
so startet diese Wette.
Dabei:
Es kam so, wie es kommen musste,
weil einer mehr als der andre wusste
oder dieses doch wohl dachte,
da sprach der andre sachte:

Du bist nicht der einzge Kenner,
doch wir kommen wohl auf einen Nenner,
wenn wir beide uns Experten nennen,
da wir beide uns doch gut auskennen ...

mit dem Lebenselixier
und das eine sag ich dir:
Wenn du jetzt zwei Flaschen aufmachst
und den Zauber für uns entfachst,

Bordeaux die eine, die andre nicht,
dann sag ich dir ins Angesicht,
welches welche Flasche ist.
Nein, welch ein Aufschneider du bist.

Du bist ja nicht ganz dicht.
Ich führ dich hinters Licht.
Und das wäre ja gelacht:
Ein Wein, der auf Bordeaux gemacht,

den erkennst du nie und nimmer,
denn du hast ja keinen Schimmer,
was Bordeaux im Herzen ausmacht
und unsre Herzen wirklich entfacht.

Das ist das Terroir!
Ja gut, das weißt du zwar,
aber die tiefe Philosophie,
die erfasst du nie.

das Terroir

Auch nicht die Tradition –
Soso, die kennst du schon,
und auch die alten Reben,
darauf wette ich mein Leben,

die schmeckst du nicht heraus.
Ich suche jetzt zwei Flaschen aus,
die eine ein Grand Cru Classé,
die andere, die tut dir heute weh.

Ein guter Tropfen ist's im Glase
und doch ist es ein falscher Hase.
Da meldet sich zu Wort der Dritte
aus des Freundeskreises Mitte:

Ich suche aus, bring stumm herein,
lasst mich der Weinreinbringer sein,[1]
lasst mich die Flaschen euch auswählen,
ich werde euch gehörig quälen.

Ja doch, ich kenn mich aus in deinem Keller,
wer von euch wird der Erheller
meines Geistes, meiner Seele,
wird Herr des Weins, den ich erwähle?

---

1. Abgewandelt aus dem wunderbaren Gedicht "Deutung
eines allegorischen Gemäldes" von Robert Gernhardt

Was gilt die Wette, Önologen?
Keiner wird vom anderen betrogen.
Ich biete neutral meine Dienste euch an.
Wer von euch beiden ist der wahre Fachmann?

Ich verwette mein Haus, den Weinkeller dazu,
du gibst deine Yacht, die verlierst du im Nu.
Ja, es kam, wie es kommen musste,
weil einer mehr als der andre wusste.

2

Nun riechen sie beide, die Nasen versenkt,
an dem Wein, den der Freund eingeschenkt.
Die Spannung, sie steigt,
das Glas halb geneigt,

belauern sich beide über die Ränder hinweg
und nehmen die Münder voll zu dem Zweck,
den Wein zu erfassen,
an den Gaumen zu lassen,

ihn sacht umzurühren
und im Munde zu führen,
auf und nieder zu walzen,
mit der Zunge zu schnalzen,

um dann Luft einzusaugen,
denn was kann es taugen,
große Weine zu testen,
die ganz sicher die Besten

ihrer Art auf der Welt,
wenn es keinem einfällt,
sie atmen zu lassen,
denn niemand könnte erfassen

ihre Tiefe und Feinheit,
ihre Frucht, ihre Reinheit ...
Im ersten ist Leder!
Ja, das schmeckt doch ein jeder.

Aber Tannin hat er noch.
Ja, aber sicherlich doch,
das ist doch die Seele vom Wein.
Ja, das kann schon sein.

Ein Mouton ist es nicht,
obwohl er ist dicht,
doch für einen Pauillac
nicht der volle Geschmack.

Vielleicht ein Latour,
doch es fehlt im da nur
die Tiefe der Farbe, der Wein ist zu hell
und gar nicht komplex die Struktur, viel zu schnell

ist der Abgang, und dann diese Nase,
nein, der Wein hier im Glase
ist der falsche Hase.

Doch beide Weine sind ähnlich
und bald schon da wähn ich,
sie sind beide von dort,
stammen aus demselben Ort

nahe der Küste, vielleicht St. Estèphe?
Nein, nie und niemals, ich kenn aus dem ff
die lehmige Gegend und ich spüre hier Kies,
tief und tiefgründig, ach das ist fies,

beide Weine explodieren im Mund.
Nun Schluss mit dem Reden, tut euer Urteil mir kund.
Ich kann nicht sogleich,
noch ein letzter Vergleich,

Weinkenner, jede Wette

eigentlich bin ich sicher,
ich hab den richtigen Riecher,
der rechts ist Bordeaux,
der links so und so,

doch das ist sicher ne Finte
und ich sitz in der Tinte,
der dritte Mann legt uns rein,
ja was schenkt er uns ein?

Der falsche Hase ist wie ein Bordeaux
und der Bordeaux, der schmeckt mir nur so
wie ein Neue-Welt-Wein,
doch kann es so einfach hier sein?

Nein, bestimmt hat er um die Ecke gedacht,
zweimal, doch das wär ja gelacht,
es ist wirklich so einfach:
Die Wendung ist zweifach.

Ich soll nur falsch denken.
Uns in die Irre zu lenken,
das ist sein Ziel
und ich denke zu viel.

Der Linke erscheint mir sehr voll,
Merlot, ja das ist Pomerol.
Der Rechte hat mehr Cabernet,
doch was sagst du, nee?

Der Rechte schmeckt holzig-famos
nach Gras, Minze und Moos,
und der Linke vielmehr
schmeckt nach Erde und Teer.

Obwohl Frucht hat er auch,
von Kirsche mehr als nen Hauch.
Ich rieche Erdbeere und Pflaume,
nein, nicht im Traume

ist das ein Bordeaux,
denn die duften nicht so,
und da ist so viel mehr,
dunkelste Beeren duften so sehr

und komponier'n ein Bouquet,
das tut fast schon weh,
so voll und weich,
Brot und Butter sind reich
mit Marmelade bedeckt,
die eine Lust in mir weckt.

Kakao, Schokonoten
vermag ich zu loten,
doch dennoch sag ich es schlicht:
Ein Bordeaux ist das nicht.

Dann hab ich den Sieg schon jetzt in der Tasche,
denn ganz sicher ist grad diese Flasche
ein Bordeaux, der so viel wert
wie ein kostbares Pferd.

Und er schmeckt auch grad so,
ja das ist ein Bordeaux.
Wie nur ein Bordeaux es vermag,
welch Aromenertrag!

Seine Botschaft der Sinne,
ich weiß, ich gewinne.
Der Wein schmeckt nach Schweiß,
ja ich denke ich weiß …

… da ist Katzenklo!
Das ist ein Bordeaux!

da ist Katzenklo!
Das ist ein Bordeaux

3

Die Dramatik, sie steigt,
die Köpfe sind vorgeneigt,
die Hände, sie schwitzen
vor Spannung im Sitzen,

denn gleich wird enthüllt
und nur für einen erfüllt

126

sich der Traum
vom Sieg, doch ist kaum

wirklich zu glauben,
aus welchen Trauben
der Wein gepresst ist,
denn der Dritte mit List

und ironischem Lachen
sagt: Gute Weine kann man überall machen.
Nein, beide sind keine St. Emilion,
weder Lafite noch Château Brion

und erst recht nicht Médoc
und jetzt kommt der Schock:
Die Weine, oh Wunder,
sind beide Burgunder.

© 2009 Matthias Luck
Herstellung und Verlag: Books on Demand GmbH, Norderstedt
Umschlaggestaltung, Satz und Layout: Nicole Boehringer, Hamburg
Alle Illustrationen und Grafiken: Patrick Bandau, Hamburg
Lithografie: Reprotechnik Ronald Fromme, Hamburg
Printed in Germany
ISBN: 978-3-837-02025-0